JN436955

구슬을 꿰는 시간

구슬을 꿰는 시간

김세경 시집

月刊文學 출판부

| 시인의 말 |

나의 삶에서 하늘과 바다는 사랑만큼 소중한 이름이다

해와 별과 달의 몸짓처럼

나의 그리움은 영원토록 미완성일 것이다

2014년 가을 동경에서

차례

2

3

4

1

시간도 가끔은

구름은 나뭇가지에 앉아
늦잠 자는 날이 길어지고
잔잔한 바람에
날마다 찾아온 히요도리*
울음소리마저 멈추어진 아침
자꾸 뒤돌아보는 버릇에
서러움이 솟구치고
세월을 삼키는 시간에
우울함을 낳는다
항생제에 의지하며
꾸역꾸역 참아온 며칠
이틀 만에 또 빨강 신호등을 켠다
아아
힘겹다 평상을 유지 한다는 것이.

* 제주직박구리.

기다림

사랑꽃을
피워 주겠다는 파랑새를
하루
이틀
기다림에 여위어 가는
외로운 나무가 있었지요
파랑새의
고운 향기도
날개의 빛깔도
채 기억 못한 아쉬움에
작은 바람의 들로
나뭇잎이 흔들릴 때마다
행여,
바람결에 전해 줄까
소식에 목 길어진 사슴이 된 나무는
오늘도 대문 밖을 서성이고 있지요.

구슬을 꿰는 시간

남은 조각 주워 모아
놓을 수 없는 끈을 잡고
날개를 펴 봅니다
보풀만
하늘을 날고
햇살 뒤로 홀로 걸어요
서투른 그리움
침묵을 그림자로 키우고
아쉬움만
주저앉아
쌓인 먼지를 털어
나뭇가지에 걸린 잎을 셉니다
영롱한 구슬빛이
부르는 소리로 이명처럼 들리고
구름은 여전히 물들어 있네요
파란 하늘이 얼룩져 보이고
아직도 구슬은 눈빛인데
묶지 않아도
정지되어 있고
먼 곳 기적 소리만 봄으로 흐르네요.

心

心,
미안해
어쩔 수 없었어
네가 뭘 원하는지 알겠지만
그런다고 새벽잠까지 날리게 하며
흔들어 세울 건 없었잖아
지난 겨울부터
내 방 귀퉁이에 세들어
얌전하게 자리한 心 하나

요즘 들어서 살가운 봄바람 탓에
바짝
밤낮을 가리지 않고
훨훨
주인 곁으로 가고프다며 징징거리는
心.

튤립

아직
봄은 멀게만 느껴지는데
그리움 가득한 세상이
기다림에 지쳐
햇살의 애정만이 아닌 체온으로
봄을 앞당기고 싶어서일까
부끄럼을 잊은 채
전신을 흔들며
홀라당 누워 재낀 알몸
하늘을 올려 쩍쩍 아파하면서도
왜 그렇게 뜨거운 봄으로 왔는지
그 대답을 다 하지 못한 채
곧은 뿌리 내리기에 온 힘을 쏟는구나
어쩜,
너도 나같이
연초록 깊은 뿌리로
튼실한 꽃잎으로 피어나길
애타게 기다리는 그 마음인가 싶구나.

봄보다 먼저 오신다더니

살갗을 에이며
한 치도 양보 못할 태세였건만
봄은 두터운 벽을 허물고
타협의 손을 내민다
오지 않을 것만 같은 계절도
촉촉한 단비가 스며들면
봄 전령사는
쉼없이 날아드는데
봄보다 더 눈부시고
봄보다 먼저 오겠다던 바람은
성급히 오시다 넘어지네
내 천천히 오시라 그리 당부했건만
시냇물 흐르는 강가에서
발 담그며 주춤거림은 또 뭘까
무지개꽃 안겨 주겠다던
그대 진실의 호롱불이 꺼질까 봐
오늘도 살며시 까치발 들고
그대의 창가에 다가서 봅니다.

봄은 이렇게

쇼팽의 야상곡(夜想曲)과
밤새 내리는 빗방울 소리
함께 걸어도 부족하지 않을 듯싶은
센티한 음률로 내 작은 방에다
훌쩍이며 나를 수북이 쌓다
깨어 버린 꿈
얼마 만에 아침다운 날을 맞는 걸까
그 찬란한 갱년기의
홋또후랏쉬도 침묵한 꿈은
현실의 아침으로 촉촉이 스민다
가늘어진 빗줄기 타고 날아든
가끔 장단을 맞추듯이
짹짹거리는 새들의 울음소리
한 쌍의 비둘기 달콤한 열애가
스르륵 다가온 안개처럼
색깔 없는 고독으로 머물 때면
그리움의 빛은 사위어 가고
봄은 이렇게 자연을 타고
살며시 내 곁으로 다가온다

흘러서 훔친 내 마음의 정화
엷은 기다림이 되고
영롱한 아침 이슬로 태어나
로맨스 영화의 마지막을 그려 본다.

아직도

삶의 언저리에 남은 시간
쏟아지는 빗방울로 젖는다 해도
사랑으로 보듬어 주고 싶었던
내 가슴 속 새 한 마리가
그대의 버거운 어깨에 앉아 있어
함께 나누고 싶었는데
무심한 것인지
한여름의 불꽃보다도 뜨겁게
내 영혼을 데우던 바람아
마주하던 그곳에
그때의 열병으로
아직도 나,
그대만의 열꽃으로 피어 있네.

내 남자 품으로

1층과 2층을 사이에 두고
서로의 눈 마주침이 멀어지는
우리의 별거생활 언제부터였던가
당신은 나보다 하늘이 조금 가까운 곳에서
난 당신보다 덜 가까운 곳에서 자리를 펴
하루의 피로를 잠재우지요
인생 몸살을 앓는
피할 수 없는 갱년기
마음마저 당신 곁을 떠나야 했지만
나,
한 사람의 여자
내 남자 품으로 돌아가고 싶어요.

꽃들과의 대화

고운 햇살 실은 바람 사이
은빛 구슬 쏟아지는 날
통통 튕기는 발걸음은 화원으로 향한다
이곳저곳에는
연초록 잔치 한창이고
서로 윙크하며 그들만의 향기로 빵긋빵긋
라벤더가 내게 말을 건다
나도 함께 데려가 줘
응! 어떡하지 미안해서
넌 햇살 고운 양지에서만 뽐낼 수 있잖아
나와 인연은 그늘진 음지뿐인 걸…….
고운 인연 만들고 싶은 라벤더
로벨리아를 바라보는 부러운 눈빛
망설이는 미소 속에 그늘이 진다
네가 날 원해도
네가 원해 나와 인연이 된다 해도
결국, 넌 피지 못하고
시들어 아픔만이 남게 될 거야
그래,

우리는 고운 인연이 되고 싶지만
아픔이 될까 봐 선뜻 다가서지 못하고
망설인 날이 길어지는 듯싶다.

생각 끝에서

그 어떠한 슬픔도
그 어떠한 아픔도
함께 나눌 수 있다지만
나누지 못할
슬픔과 아픔 또한
누더기인 채 누구에게나 있지 않을까 싶다
언제나 쉬지 않고
걸어야 할 머나먼 길
누군가는 겪어야 할 몫이라면
지나온 시간을 보며
어떠한 생각 끝이라 여기며
우리는 주춤거릴 필요가 있는가 보다.

날개

기다림의 미덕은
환희의 만남이 안 되는 걸까
벙어리 심정에 벌집을 안고 걷고 있나 보다
쉽지 않았지
보고 싶음의 그리움도
힘겹게 내민 아린 그리움 하나
오랜만에 만난
친구의 짓궂은 한 마디가 날갯짓한다
붉은 와인글라스 속 흐느끼는 파문
내 가슴 속에서 숨죽여 살던
그대의 진물이 물결로 떨어진다
알량한 자존심 와르르
그리움의 날개를 달아 보고 싶다
이 밤이 데려다 줄 것만 같아서.

아! 로벨리아

그대가 눈물 머금고 괴로워한 날에는
그대를 바라보고 있는 나도
뚝뚝 떨구며 슬퍼한다는 걸 기억하세요
구름 가득 우울한 날에도
친구들의 새침한 눈빛에도
그대만큼은
나에게 따듯한 웃음을 주었잖아요
늘어진 내 모습에
언제나 그대는
빛나는 별 하나에 애처로워하듯
오롯이 다가와 힘내라며 다독여 주곤 했지요
하얀 깃에
파랑 원피스 뽐내며
방긋방긋 웃는
그대의 모습에 매혹되어 행복에 잠깁니다
아! 사랑해요 로벨리아.

데이터

푸른 솔 향기로
우리 삶 끝나는 그날까지
진실한 마음 하나로
엮어 보자던 병풍 만들기
어느 새 회색빛이 내려앉고 말았어요
함께했던 그곳
초점 잃은 그림자
밤하늘 터벅이며 배회하고 있어요
나만의 모니터
불확실한 인간의 물길 속에서
아픈 사연만이 출렁이고
봄, 바람 잘 날 없지만
또 그렇게 미련만 남기고 떠나갑니다.

단풍나무

반세기보다도 더 긴 세월 속에서
꿋꿋이 날 지키듯
가냘픈 고사리손으로
때로는 숲이 되고 그늘이 되어
봄날이면 식지 않는 사랑
별과 달이 되고 싶었던
헝클어진 가슴 달랠 길 없어
함께 다독이며 걸었던 새벽길
어찌 내 너를 잊을 수 있을까
어느 가을날에
언제나 눈물 같은 선물을 풀어 놓고
내 사랑보다도 붉게 물들여
나풀거리는 너의 아름다운 날개빛은 장관으로
고독에 앉은 정원에서 웃음꽃을 보았지
앙상한 가지에
하얀 꽃이 필 때 너와의 눈 맞춤
왜 그렇게 서럽게 다가오던지
또르르 방울 되어 훔친 날들
오직 한 사랑따라 정착한 이곳

그 인연으로 너와 함께한 이 울타리
어느 새 넌 삶의 끝자락이 되어 서 있구나
만남과 이별
먼저 앉으면 먼저 떠나야 한다는 법은 없지만
그래도 세상 이치라면 이치
희로애락 함께했던 그 많은 사연
네가 떠난 뒤에도 또 한동안 생각나겠지
아름다운 추억 간직하며
힘겹게 내민 이별의 손
고마운 나의 친구야 안녕.

오늘

보고 싶었던
그만큼의 거리에
그리움을 걸어 놓고
앞뜰을 바라보다가
애틋하게
부르던 길섶에
그대의 향기 서걱서걱
6월의 장맛비가 두드리니
꿈을 안고 피어난 수국은
어쩌다 빼앗긴 마음의
절룩이는 애증의 빗방울을 주르륵 흘립니다.

2

주전자

목마르다 하여 내 팔을 잡아끌고
속탄다며 달래 달라 나를 부르고
그 사랑 다 주어도 돌아서면
홀로 되니
외롭다 펄펄 끓는 가슴을 열고
소리쳐도
그리움이 줄줄 흐르면
그 설움에 따듯한 차 한 잔 하면 그만이지요
몸서리치게 달궈 봐도
하얗게 서리가 앉아도
그대와 달달한 입맞춤 없인
나는 볼품없는 찌그러진 얼굴
여전히 사랑을 담고 기다림을 키웁니다.

고백

서로 애태우다
애달프게 부르다
하얀 밤을 빗물로 닦아 냅니다
천 년 학처럼 사랑한들
타오른 절정이 식어 버리면
다시 피울 잉걸도 없이
떠나갈 인연일지라도
못내 피우지 못한 꽃봉오리입니다
어차피 두 번 다시 없을 인생길
너 아니면 안 된다는 끓이는 마음
내 어찌하지도 못하니
그대여!
두 영혼에 날개를 달아 봐요.

진정 사랑이라면

다시는
느끼지 못할 이 떨림
나를 일으켜세운 이 감정
이것이
진정 사랑이라면
이글이글 영혼꽃
우리 함께 피워 봐요
애틋한 그리움
타는 목마름에
밤이슬을 맞으며
홀로 걷고 또 걸어도
우리의 인생
마지막 울림이라 여기며
후회하는 마음 없기로 해요
우린 서로의 주워 서성이며
문 밖 기다림
만들지 않기로 해요.

설움꽃

같은 곳 바라보며 걷자던 그 인연
가슴 속 요동은 그칠 줄 모르고
하루 안에서도 팔방으로 변해 가는 세상사
그대만은 아닐 거라고
내심으로 고개를 넘었는데
우리를 기다리는 하늘에는
이미 축복의 준비로
이름 모를 새들의 노래로
기다림은 시작되었건만
구름 사이 구름집 그대
뜨거웠던 날 슬퍼하듯
하늘이 통곡합니다
시간은 나를 다독이고
소나기 설움을 씻고서
모든 사람의 얼굴이 다르듯이
내 생각과 같을 거라는
어리석음을 내려놓고서야
가던 길 멈추고 돌아서는
길섶에는 설움꽃이 핍니다.

연어

이글거린 태양 아래 빛나는 비늘 하나
뜨겁던 눈빛 하나
내밀던 손을 잡지 못하고
애달프게 돌아선 그날
거침없이 줄 것 같았지
죽을 만큼 사랑할 것 같았지
어차피 숙명이라는 인생
그대의 밀랍에 녹고 싶었는데
그날의 속삭임을 잊을 수가 없는데
그렇게 못 잊을 거면서
왜? 내게 그것을 보이시고
매몰차게 돌아서게 했는지
이 못난 자존심 때문에
더는 다가서지 못하고
돌아올 수 없는 길이란 걸 알면서
또다시 간다고 해도
어차피 신기루가 될 걸
가을날 붉은색으로만 남을 걸.

그대

아파하지도
슬퍼하지도 마세요
함께 나누었던
두꺼운 세월 속에 묻혀
이젠 추억의 바람에
떨어진 꽃잎이잖아요
석양을 바라보는
파고 속에서도
단 하나 간절한 바람이 있다면
기쁨이 되고 격려가 되는
벗이 되고 싶습니다.

진정 사랑이었다면

석양을 바라보면
한 계절 바닷가 모래알을
뜨겁게 데우던 태양처럼
그곳을 찾아
속삭이며 추억을 만들어 가던
먼발치의 연인들이 있습니다
어디 그런 사랑은 못했을지라도
불꽃이라도
피울 것 같은 그대였기에
진정 사랑이었다면
한 번만이라도
왜 그랬었느냐고
무슨 일이 있었느냐고
물어 주길
바랐는지도 모르겠습니다
아무것도 모르고 떠난 그대에게
전하지 못한 깊은 이야기
한숨으로 가슴에 묻어야 한 내게도
서로의 가슴에는

애달픈 봉오리로 목마름만 남긴 채
침묵의 시간만이 기다리고 있었는지도 모릅니다.

가을 서막

놓았다 싶었던
녹슨 추억 한 자락은
아직 여물지 않은 가을보다 먼저
내 마음 속에 가슴앓이로 앉습니다
한숨 가득
시린 하늘가에는
간간이 떠가는 새침한 구름
울컥 다가온 소나기 사이로
커피색 교복을 입었던 두 소녀를 데려와 놓습니다
꿈 많던 푸른 날 두 소녀의 꿈은
그 시절 졸망한 젖가슴처럼 부풀었을진대
위태, 위태 항해하는 인생길
성숙한 여인이 된 지금은
서로의 안부도 전하지 못한 아쉬움만 남고
보고 싶음을 삼켜 버린 무정한 세월
닮아 버린 운명의 구름이지만
바람결에 전해진 그녀의 소식은
여인의 밤으로 지새는 비가 되었지요
가을은 우리에게

아픔으로 슬픔으로
아물던 상처 헤집고 떠나지만
쪽빛 하늘에 걸어 놓은 그리운 얼굴
아침 햇살 같은 희망
넉넉한 용서로
모락모락 기쁨 하나 피워 두고 갑니다.

가을이 가까이 옴은

설렘 보따리 풀지도 못하고
뜨거운 사랑에 담그지도 못한 채
아쉬움 앞에 서 봅니다
어디서부터 잘못 되었는지
미칠 듯 갈망했던 그림자 하나
지울 수 없던 그리움
구름처럼 느껴온 오늘
진정 나 혼자만의 애틋함이었을까
내려놓지 않고서는
살아갈 수 없어
이젠 그 뜨거운 영혼을 보내렵니다
봄으로 온 그대
한 번 더 그대 모습 보고 싶어
보내는 가을이 오가는 길섶에 앉아 봅니다
이루지 못한 애달픔에
하늘도 주르륵
풀벌레 소리는 왜 그렇게 울컥거리는지.

재회

기쁨이고, 눈물이었습니다
섧기만 했던 그 눈부심
바다로 다가와 내 앞에 섭니다
씁쓸한 커피도
달콤한 코코아도 마셨습니다
훔치기도
훔쳐 주기도 했습니다
세월이 데려다 준
가을 같은 용서
노을빛으로 내민
부끄럽지 않은 서로의 그림자
I do가 아닌 We do로.

만남

기쁨을 키질한
하늘의 축복이 있었지
송이 송이마다
그리움 일렁이는 추억 하나
눈꽃송이 날린 빙판길에서도
총총걸음은 춤추었다
피어난 눈꽃에
시를 짓는 내 영혼마저도 외면하고
약속된 장소에 미리 앉아 버린 마음
세월의 무상함이란 이런 것이지 싶다
부러진 관계
묵은 강산으로 회복하고 촛불을 켠다
낯설음도 꼬리를 숨기고
만남을 기억하며
어제 토닥였던
친구처럼
연인처럼
한 그루 해송으로 서 있다.

어찌하여 그대는

비에 젖은 꽃잎만 보아도
소슬바람만 불어도
눈두덩을 훔치는 버릇이 생겼습니다
작은 새가 나뭇가지에 앉아
삐삐,
누군가를 애타게 부르는 날이면
나,
누군가를 그토록 부르던 날을 기억합니다
어찌하여 그대는
세월 속에서 기다림과 애증을 엮어
그리움의 시를 짓게 하시는지요.

폭설

허리가 휘어질 듯
위태롭게 서서 일렁이는 나무
불완전하게 쌓인 나뭇잎 위의 눈꽃이여
피우지 못할 서러운 내 영혼의 울림이여
긴 시간
너를 갈망하며
까치의 눈물로 출렁
애틋했던 시간만큼
또 달램이 필요해
온 세상을 흰 눈으로 바라볼 수 있다면
겨울 그리움과 시린 기다림을 쌓은 죄
그 또한 내 몫이지 싶다.

진눈깨비

한 뼘만 가까이 있었더라면
조금만 더 그 자리에서 기다려 주었더라면
한숨과 회한으로
세월을 엮이지 않았을 텐데
나, 이렇게 서글퍼하지 않을 텐데
나뭇잎 위에 쌓인 차가운 눈꽃
홀로 쓸어내릴 때도
시린 이방인의 외로움 함께 나눌 수 있었을 것을
눈꽃 흩날리며 눈물 되어
기억이 흩어지는 날이면
따뜻한 손 꼭 잡고 동심으로 돌아가서
마냥 행복해할 그대의 얼굴 그려 보리라
이젠 저 진눈깨비 속으로 사라져 갈
그대 모습
다시는 볼 수 없을 것 같아 눈물짓습니다.

길섶에 나부끼는

화사한 봄의 향연 속에
한 폭의 서양화
멈췄던 맥박을 뛰게 합니다
나만의 그림으로
걸어두고 싶었기에
찾았던 오솔길에서
이미 옛이야기로
아쉬운 마침표를 놓습니다
내 사람이라 부르지도
어쩌지도 못한 목석 되어
오가는 길섶마다
그리움만이 출렁입니다
여름보다
뜨겁게 다가오다
넘어진 봄이기에
먹구름 위로
오늘을 걷어내고
주위를 헤매는
우리 영혼 묶어

내일이면 맑게 새침 뗄 하늘처럼
그렇게 배웅하고 싶은데
억지로 밀어내지도 않았는데
그대는 벌써 내일이라는
시간의 레일에 앉아 채근합니다.

작은오빠

불효로 먼저 별이 된
애지중지 키웠던 종갓집 장남
작은오빠는 큰오빠 몫까지
아흔이 넘은 부모님께 효도하겠다며

전화벨이 울리면
5백 킬로미터 넘은 거리 마다치 않고
홀로 달려간 밤길이 몇 번이었던가요

항상 마음이 닿는 남쪽 땅끝 섬마을

이국땅에서 어쩌다가 드리는 안부전화에
습관처럼 하는 어머니 말씀
두 몫 짊어진 하늘 같은 자식
그 어깨가 안쓰럽다며
네 아버지 먼저 보내고
한 해만 더 살다가 갔으면 좋겠다 하신다

오늘도 갯바람 묻어온 작은오빠 소식은

선조 묘터 확장을 위해
또 밤길을 나섰다 하네
깊은 밤 전화선에 타고 온 어머니의 울먹임에
내 설움이 명치를 짓누른다
밤새껏 달려 닿을 수 있는
며칠을 걸어서 어머니 품에 안길 수가 있는
작은오빠가 한없이 부럽기만 한
나는.

겨울과 이별

그 흔한
잘 가라는 잘 지내라는
한 마디 인사도 건네지 못했습니다
털옷도 입히지 못한
이방인의 설움보다도
살얼음에 베인 아픔이 클 것이라는 걸
알면서도
차마 안녕이라 말 못하고
계절에 밀려 그대는 갔습니다
기다림을 키울까 봐
끝내 놓지 못한 시린 계절
허기진 영혼에 촛불 켜는
희망마저도
또르르 고드름이 될까
애써 아끼며
그대는 강물 따라 흘러갔습니다.

안부

몇 해가 바뀐다 한들
그날의 울림
그 추운 겨울날의 잉걸
잊힐 일 없겠지요
보고픔으로 남은 사람
어느 날 갑자기 다가와
그리움 심어 놓고
말없이 떠나갔지만
우리 서로
모르는 타인처럼
살아가지는 말기로 해요
세월은
무정하게 아주 잊으라며
침묵으로 덮으라 했지만.

그대에게 가는 길

버거운 삶의 여정
허허로움 사이로
내민 얼굴 하나
말초신경 속속들이
흔들어 세우더니
노스탤지어 숲을 만들어요
에메랄드빛 오솔길
속도를 줄이기도
주춤거리기도
되돌아오는 길 확인도 해 보지만
한숨으로 만들어 낸
목멘 높은 음은
밤하늘 피리 소리는 도돌이표
햇빛에 농익은 가을날의 과일
숙성의 극치입니다
꽃 피고
잎 떨어지면
소슬바람 어느 틈엔가
뼛속까지 묻힐 것 같아서

망설임의 하루

또 하루 속에 오늘을 걸어 봅니다.

내게 이런 사람 있습니다

살아가면서
버거움에 지칠 때
생각만으로 기쁨이 되고
용기가 되는
얼굴이 있습니다
먼발치에서 바라만 봐도
닿을 수 없는 거리에 있어도
미소를 머금게 하는
한 사람이 있습니다
우울한 날에는
詩로 피어나고
잔잔한 음악이 되어
아침 햇살로 머무는
그런 사람이 내게 있습니다
때로는 웃음꽃으로
때로는 보고픔으로
때로는 눈물이 되어
비 내리는 날에도
내 가슴에

사랑이라는 이름으로 다가와
출렁이게 하는 한 사람이 내게 있습니다.

간이역

비에 젖은 플랫폼
마주한 눈망울에는
우리 서로를 눈 속에 두고
봄처럼 화사한 미소로
손잡고 걸어 나온 간이역
차 한 잔에 담긴 체취는
공원 벤치에 내려앉아
작열하던 태양이 되는데
만추의 낙엽에 담겨
행복하다며 속삭이던 숨결은
하얀 눈송이로 날리는 영혼
된시름 속 쓸쓸했던 고독도
묵은 상처로 쌓이며
세상 저편으로
범람하는 영혼의 많은 이야기
다정한 눈빛 속에
승화시키는 그대의 말
잊지 말아요
우리의 간이역이 있어요.

그대 홀로 두고

그렇게 그리워하는
그대 홀로 두고
훔치며 돌아서던 밤
하늘도 슬픈 듯
흐느꼈습니다
어디로 가야 할까
망설임과 휘청거림 속에서도
앞으로 향해야 한다는 걸
알면서도
떼지 못한 발걸음
왜 그대에게만
너그럽지 못하고
더 많이 베풀지 못했는지
인색하기만 했던 것은
아마, 그대보다도
내 사랑의
뿌리가 깊었는지도 모르겠습니다.

3월

얼음 속에 멈추었던 마음
살며시 흐르던 날
사르르 풀어헤친 전신
그대 오는 길
건기 없이 촉촉이 적시어 밝혔지

봄비와 강풍 속을 헤치며
꿋꿋한 나무만이 봄을 맞을 수 있다는 지혜
어쩜 자연의 이치와 다를 바 없지
그리움이 클수록 시간이 필요하다는 거
잊지 않기 위해 되풀이되는 가슴앓이

절제와 인내가 거듭나기도
오늘처럼 바람 불어
헝클어진 마음 달랠 수 없을 땐
영혼의 습기
툇마루에라도 앉으면 아침 햇살에 마음이 팔랑일까.

3

슬리퍼

끌지 마세요
남들에게 큰소리로 소문까지 내고
못났어도 신발인데
저도 집에 들여보내 주세요
그렇잖아도 반듯하지 못한 신발인데
옷가지 하나 못 입었는데
파티에 한 번 못 가 봤는데
등산도 한 번 못 가 봤는데
화장실 한 번 벗어나는 것도 감지덕지하지만
그래도 제가 젤 만만하지 않은지요
볼 거
못 볼 거
다 본 제게
예쁜 꽃 하나 달아 주면 어때서.

은빛 일렁이는 강

그대
바람이더라도
잠시 스치는 바람이 아닌
아침이 되기를……
날 반기듯
영원한 함초롬 햇살 같은
바람이기를……
행여
나로 인해
어두워지는 날이 온다면
그대 은빛 행복을 위해
내 삶
글렁이는 설움
강물로 바다를 채워도
그대 보내 드릴 수 있기를…….

가을 길목에서

떨어지는 소리
밤새 토닥이는 방울
풀벌레의 애달픈 하모니
그렁그렁 말이 맺히는 밤입니다
어떠한 이유로도
붙잡을 수 없는 여름은
그대 앞에 설익은 갈잎으로 섭니다
서로의 마음만 기억하기로 해요
그리움 혼자 삭혀야 했던 숱한 밤
아침이면 새침한 햇살로 방긋이
그대 앞에 선 날들
그대가 미웠습니다
나를 향한 그대 마음
그 어떠한 언어로도 대변할 수 없다 하겠지요
그 모습이 최선이었다 하겠지요
우린 어우르지 못할 가을꽃을 피우려 애썼습니다
유난히 가을을 좋아한다던 그대
다가올 계절 부디 지혜롭기를
나누었던 많은 사연

흔들었던 시간
추억의 메모리
한 장 여백에 허허로움을 채웁니다.

가을 햇살

내 사랑이여
가을날 알곡을 채우고
결실의 기도
그대를 향한
그리움 한 가닥
내 가슴에 피어난
희망의 꽃이어라
때로는
따사로운 미소로
또르르 구슬 되어 흐르고
내 마음을 가지런히 빗어 주는
그대는 나의 햇살이어라.

더는 머물지 못하고

너무 강한 빛으로 다가와
한 치의 앞을 볼 수가 없었습니다
함께한 파란 하늘에 언약은
먹구름으로 드리워지고
서로가 희망한
모습 앞에선 비련이 섭니다
엇갈린 언어
내동댕이쳐진 조각난 마음
주섬주섬 훔치며
뜨거운 영혼은 겨울로 향하고 있는데
어찌 그대는 왜곡이었다 할까요
더는 머물지 못하고
떠나는 기러기가 되게 하시나요.

서로 알아 간다는 것은

서로 알아 간다는 것은
감사한 마음과 기쁨이다가
마음 속 귀퉁이에
불안의 그림자가 드리워집니다
오가는 대화에 인색하지 않기를
삐걱거리는 마음문을 좁히지 말며
다시 오지 않을 울림을 가지기를
오늘을 잃어버리면
우리는 영원히 아름다운 바다로
향하지 못함을 알아
포구 어귀에서 서성이고
그리웠던 만큼 모든 걸 받아들여
진주처럼 귀하고
이슬처럼 영롱한 영혼
서로에게 정직하게 흐르길 바라며
그대라는 포구에 신뢰라는 이름으로
정박하고 싶은 간절함도
스스로 옭아맨 죄악에 아픕니다
진실이 오가는 길섶에

뿌려 놓은 그대라는 씨앗이
튼실했다면 아름다운 사랑의 꽃을
피울 수 있을 거라 여운을 남기고.

가을과 호수

가을은
오색으로
아름다움과 자만을 뽐내며
결실의 기도로
차가운 겨울로 향하는 줄만 알았지만
스치는 인연 속에서는
푸석거린 갈잎의 이별보다
농익은 낙엽에 새긴
그대 닮은 순한 마음의 사연도 담고 있다는 걸
그리움이었던 가을
파란색으로 물들길 간절했던 서로의 마음
돌이키고 싶지 않은
나이 든 상흔도 애써 감추고 있음을 알았어요
화려함 속에 온화한
오염된 사람의 물결 속에
진실 하나만을 부르짖는 그 눈빛
계절의 모퉁이에서 만난
가을의 호수
거울을 보듯 아팠습니다

가을을 담은 호수의 넉넉함
애틋한 호수의 젖은 품이 간절했어요
이대로 그대의 안락의자로
언제나 곁에서
가을의 숨결을 들으며
영원한 쉼이 될 수만 있다면…….

같은 마음 닮은 영혼

그 느낌이 좋아서
그 눈빛을 잊을 수가 없어서
만지고 또 만져 봅니다
언제부턴가
밤하늘에 별을 세며
그리움의 시를 읊조리게 되었는지
소나기 수채화 늦은 가을
애틋한 사연을 남기며
순리를 따를 수밖에 없는 낙엽의 눈물
같은 마음 닮은 영혼
세월의 흐름을 거역할 수 없는 우리
서로의 영원한 빛이 되길
잊지 않기 위한
애달픈 몸부림입니다.

그곳

파삭거린 영혼
허허로움 안고
찾아드는 인간 군상 틈에서
한 줄기 빛과 습기로 채워 가는
하루살이 삶
꺼이꺼이 토해 내는 소음 속에
너와 나 함께했던 시간도 있었지
한 번쯤 뒤돌아보고 싶은
추억에 그곳
길 잃은 미아가 되어
소나기를 맞고 있다.

우리는

우리는
살아가면서
넘어지지 않도록
헛디딤이 없기를
좌우를 살피며
안테나를 세우고 있습니다
행하고 있는 길이
진정 가야 할 길인지
가지 말아야 할 길인지
내게 아픔과 상처가 아닌
기쁨과 행복을 가져다 줄 길인지
정답을 모르는 우리는
돌이킬 수 없는 늪으로 행하는지도 모르겠습니다
조금 더 주위를 살펴
심사숙고했더라면
후회라는 단어를 남기지 않을지도 모르겠습니다
삶의 기로에서
믿음과 확신이 없다면
선택이 있어서는 안 되겠지요

깨달음 있을 그때
후회 없이 궤도를 바꿔야 하지 않을까요
우리는 내일이라는 희망이 있기에.

자아

꽃잎의 떨림
그리움 요동치고
온종일 그대 발자국을 밟아요
의미를 두었던 내게
허물지 못하는 벽
다른 삶만큼이나 안타까움만 남기고
우연에서
닮은 인연이라 싶었는데
잠들지 못한 영혼
아린 서성임
힘겨운 그리움입니다.

사랑이라는 이름으로

죄에도
유효기간이 있듯이
피고 지는 꽃도
계절이 있지요
누군가를
애타게 기다리는
마음도
기다림의 끝이 있을까요
미치도록 갈망한
초롱초롱하던 그 눈빛
죽도록 함몰하고 싶은
그 품속의 그 향기
사랑이라는 이름으로
배회하는 까만 눈동자
홀로 지새우는
이 밤이 왜 이리 섧게 울고 싶나요.

소나무

밤하늘에 빛나는
별 하나의 언약도
아스라이 멀어졌다 해도
솔잎 꿈
창가에 걸어 봅니다
유수와 같은 인생
어둠 속 빛이었고
단단하게 옹이지는 우리
거센 비바람에
흔들린 작은 몸짓은 잊어버려요.

자운영

아직 된바람 가시지 않아
바람 잘 날 없는 삭막한 들판에서
온몸이 흔들거립니다
몸서리치게 길게만 느꼈던
긴 겨울
누군가의
밑거름이 되고
그리움이 되고 싶어
보랏빛 융단에 물들입니다
슬픈 사연만큼이나 길어진
사슴이 된 꽃잎
따사로운 햇살과
파란 하늘만이 세상 전부인 줄 알았죠
정갈한 모습
또랑또랑한 눈망울을 좋아했다던
고독한 나무를 위해
행복 하나 심어
그리움까지 착상된다면
그대의 꽃잎으로
그대만의 거름이 되고 싶어요.

오수

구름 낮게 드리워진
아직 잠들어 있을 영혼의 휴일
푸른 삶을 그렸던
시야 속 멈춘 시선
이름 모를 새들
철따라 날아와
쉬어 가는 넉넉한 이 정원에
실타래를 들고 찾아든 새 한 마리
추위와 바람을 피해
마른 나무에 앉아 있다
그래, 우리네 인생도
자연의 이치와 다르지 않지
지친 삶의 여정에선
누군가는 그늘이 되고
그 울타리 안에서
차 한 잔의 다독임으로
디저트 속 시나몬 향을 즐기지만
정겨운 한 마디가 그리울 때가 있지
난

누군가에게 기쁨이 되고
작은 그늘이 되는 삶을 살고 있는지
차 한 잔에 담아보는 독백의 시간.

눈 내리는 아침에

고요 속 창문을 열어 보니
청결하게 잘 덮어진 정원
하얀 이불이 한눈에 펼쳐진다
어머나!
너네 뎃기*에서 잘 잤구나!
맛깔스러운 대화로 속닥속닥
뒤에서 파파가 말을 건넨다
누구하고 얘기하는 거예요
응
튤립, 장미, 라벤더지요
언제 어른이 되려나 하면서
빙그레 서 있다
그래, 소꿉장난처럼 티격태격이었던
젊은 날의 우리도 있었지
어느덧 침묵처럼 흐르는 세월 속에
언어가 필요하지 않은 날들을
이만큼 우리 앞에 데려다 놓는다
얼굴로 읽고
눈빛으로 알 수 있는

우리를 성숙시키는 시간
창 밖에 눈을 바라보고
감성마저도 노을을 바라보니
어느 사이 반백을 헤아리는 나이
삐걱거림이 무서워 늘 용기만 세웠던 내게
시작을 부추겨 주던 고마운 사람
서로의 자리를 지키며
서로 인정하며 걷고 싶다.

* 뎃기 : 평상.

풀꽃

이른 새벽의 고요
정원 귀퉁이에 멈추어진 걸음
풀꽃들의 속삭임을 들을 수가 있었지요
이름 모를 풀의
영롱한 이슬
그들만의 사랑과 소망을 들었습니다
햇살의 풀무질
날개의 퍼덕임에서
우리의 중년을 보았습니다
누구나 삶의 목표가 있지 싶습니다
꿈 하나 키울 테지요
중년의 삶도 가끔 휘청이게 아팠는데
한 치도 다르지 않지 싶으니
사랑의 꽃을 피우기 위해
혼탁한 환경 속에서도
곧은 자태
결실의 희망, 햇살에 기울 듯
이름 모를 풀 한 포기에서
돌아 보는 듯한 아침입니다.

그 사람

가슴 속
하얀 눈길 핏빛 골 하나
덮지 못해
늘
너덜너덜한 상처에
아파했던 사람
이름만 불러도 눈물이 나는
나를 사랑하고
내가 사랑했던
그 사람.

4

봄

세상은
오염되었지만
내가 바라보는 하늘은
코발트빛
평화로운 정원
잠시 토닥토닥 이는 꽃들
잿빛 세상을
구름으로 가리는 바람
그런데
여전히 파란 하늘을 두고
어우르지 못할 너와 나.

이방인

한 잔에
얼룩진 얼굴
엮은 시 한 구절
보랏빛 커튼에 걸려 있다
파르르 떨리는 그 입술
그 얼굴 바로 잡아 그리자
또다시 파도치는 울렁임
만지고
쓰다듬다 다독여 보아도
허우적거리는 밤
찢어지는 바이올린 음률
정녕 그대는 누구신가.

겨울 그리고 봄

아직 하고 싶은 말
많이 남았겠지요
미련이 있다 한들 어찌하지 못하니
흘러 흘러서 그냥,
그냥 가세요
순리라는 기차에 앉은 시간이
대지로 스며듦을
멈추지 못하고
그대를 기다려 주지 않잖아요
연둣빛 내음
우리에게 알림하고 있어요
빙하 속에 숨죽이어
키웠던 그리움 하나
내 힘껏 정성들여 노래 불러 줄게요
싹틔워 올라오니
곧 봄 햇살에 꽃피울 일만 남았어요
늘 시리기만 했던 그대의 품
따듯하게 데워 봐요.

스치는 인연이라도

하루에도 수십 번
보고 또 바라봐도 채우지 못했습니다
붓고 또 부어도 다 채우지 못하고
보고픔만 가슴에 남았습니다
봉긋한 봄바람도 새침했고
따사로운 햇살도 돌아눕습니다
다 전하지 못한 마음
홀로 감당했던 가슴앓이는
얼마나 보고 싶다고 해야 사그라질는지
오늘 하루도 어떻게 보냈는지
잘 버티었다고
봄비가 다독입니다
실바람에 실린 당신의 고운 선
떨림조차 허용할 수 없어
숨 고르고 있습니다
석양빛 인연 이대로 희망 꽃이지 싶습니다.

4월과 5월

설움이 바다에서
바닥이 보이도록
바닷물을 말리고 싶다
무정한 파도는
피지 못한 봉우리의 영혼들을
달래기라도 하듯
하늘에 닿을세라 철썩 철썩여 봐도
神은 무정하게 돌아누웠다
시간이 얼마나 지나야
그 아림도 희석되어
혈꽃을 흘리던 자에
각인시키는 딱지를 남길는지
아픔으로 점철된 4월은
아픔으로 오열하며 5월을 바라본다
작은 모니터 앞에 앉아
차디찬 바다를 보며
아직도 훌쩍임으로 주르륵…….

경계선

하나가 되기 위한
경계선에서는
언제나
바람이 불고
파도가 철석이며
바스락거림과 몸부림은 멈출 날 없지
외치다 지치면
부르다만 시간만큼 흐르고
목마름에 애타는 밤
현실은 배려와 타협은 없다 한다
시리도록 반짝이는
에메랄드빛 잎새에
비와 바람의 소망 입자를 얹어 본다
누가
그리움과 사랑은
고독 그러고는
고통이 함께 온다 했던가
오늘도
봄은 힘껏 여름을 떠밀고 있다.

그대, 잊지 말아요

그대
힘들다 아우성 말아요
내 몸부림이 그대에게까지
보이지 않는다 하여
그대 사랑보다 작지는 않아요
내 사랑도
그대가 사랑한 만큼
그리워한다는 걸 잊지 말아요
사랑은
비교하지 않는 거래요.

그 모습

이런 모습에도
말 못할 사연이 있겠지
보이는 것만이 다는 아니라는 것
금목서(金木犀)가 사계절 내 푸르며
왜 그 향기가 달콤한지
만 리를 향한 진실은
시간이라는 강물로 흘러
먼 훗날
바다 위에 떠오르게 된다는 걸
우리는 알고 있지
내가 바라보던
따듯한 세상
그 미소가 진정이었음을 믿고 싶다는 걸
그래야만 내가 살아갈 수 있을 것 같으니.

미련

잔잔한 호수에 떨어진
빗방울 하나
긴 울림이 될 줄을 미처 몰랐습니다

성긋하게 피려던
꽃잎은
밤에만 달을 바라보다
애써 접으려 했던 그 이유
그대 알 리 없겠지만

애타게 부르는
바람의 울음소리에 숨어
펴보려던
작은 공간에서
또 이렇게
주저앉고 말았습니다

한 가닥 로망을 안고
바람의 꽃으로만

어여쁘게 피어나고 싶었는데
바람의 그늘에서만 웃고 싶었는데.

사랑은 그런 거래요

사랑의 시작은
그리움과 아픔이 동반해 온 거래요
사랑에는 고통이 따르며
사랑이 깊을수록 고통도 깊은 거래요

그대 진정 사랑을 원하신다면
그리움과
고독의 파고 앞에서
그 어떤 역경 속에서도
오해와 질투의 덫에 좌절한다 해도
용기를 잃지 말고
과감하게 일어서는 거래요

그대 진정 사랑을 꿈꾸신다면
고귀한 사랑 꽃을 피우기 위해서는
살이 찢기는
핏빛 아픔이 올지라도
참고 또 참는 거래요

이 모든 걸 인내하지 못하거든
감히 사랑이라고 말하지 말래요.

듣고 싶은 목소리

뚝 뚝 뚝 하염없이
푸른 잎사귀와 빗방울 대화
어느 시인의
빗방울의 수다라는 시를 기억해 낸다
밤새 앓으며
꺾일 생각 없던
감기 바이러스도
가만히, 가만히
잠드는 시간
한 걸음만 더
가까이 다가가고 싶은
아득함을 정화했던
엄마의 목소리
중년의 허무를
만지작거리며
다독이는
여름을 식혀 줄
사슴의 목소리여
천, 만 개의 빗방울로

그 목소리 강물에 실어도
싫지 않을 것 같은
그대 하루에 갇힌 나.

네게 퐁당한 날

하늘이 서러워했다
전하라는 소리마저 갈취한다
슬픔의 바닥에 선
희미한 한 송이 작은 꽃에
흐른다
도저히 사랑하지 않고선 견딜 수 없는
너를
주르륵 교미하는 비가.

이별

사는 것이
생각처럼 같을 수 없어
같은 시각 두 하늘
내 심장의 반쪽
행한 행실
찬란한 반짝임
한순간의 신념이라도
신뢰의 염원이 되어
나무 허리가 꺾이는
이 폭우에 남겠죠.

해와 달

파란 하늘
갑자기 엄습해 온 먹구름
확인할 수 없는 믿음에
소나기가 깊이 쏟아집니다
놓지 못해 이어가는 삶
서로의 빛을 보려 했지요
누구의 탓으로 돌리기보다는
나 스스로
그대 품어 줄 그릇이 작았음을
우주 속
해와 달은 영원히 변하지 않은 빛이지 싶었는데
호탕한 그대 품 안에서
껄껄껄 함께 나누며
고독한 영혼
영원토록 속삭이고 싶었는데
달의 욕심이었나 봅니다
잡았던 손 느끼지도 못한 채
인생을 곱씹는 추억 한 자락 남기며
이제 서로가 다른 시간

돌아서는 발걸음이 하도 젖어
산마루에 걸려 있는
그대 모습 애달프게 바라봅니다.

말과 행동

어떤 상황에서는
꿀꺽 삼켜야 하고
목숨이 다해도
그냥 가지고 가야 한다
부모, 형제, 부부, 친구
때로는 사랑하는 연인들 사이의 갈등까지도
입 밖에서 빛을 받으면
바이러스로 돌변한다
TV 광고보다도 더 빠른 속도로
햇살과 전파를 타는 날갯짓이다
다시는 거두지 못하고
가슴에는 멍꽃이 피게 하며
회복할 수 없는
병을 안고 평생을 살아가야 하는
많은 우리 이웃들
나와 너의 행동 또한
아픔을 새겨 주지 않는
따듯한 차 한 잔을 건네어
기억에 자리 남기는 힘으로

오늘도
내일의 기쁨이 되어
발자국처럼 이어지길
바람 부는 하늘에 건다.

믿음

처음부터 백이 아닙니다
관계의 형성으로 자라면
채워져 백이 되지요
믿어 달라,
다그치지 마세요
과정이 필요한 시간을 키워요
믿음이 찾아오면
백으로 채워져 갑니다
내가 큰소리쳐도
바라보는 사람이 못 들으면
백으로 채워지지 않지요.

세상의 눈을 보자

아무리 자신을
세상이 호감 산대도
나를 평가하는 것은
자신이 아닌
지켜보는 사람들
세상에 나만 사나
판단도 내가 하나
결정도 네가 하고
존재 인식도 그들이 하는데
잊은 이는 나인가 보다.

흐르는 비

저렇게 울어대니
매미도
많은 사연이 있는 듯

태풍에 휘청거리는 나무
바람 부는 대로
비에 젖는 대로
살기 위한 몸부림이지 싶다

한때
그대 여인이 되고 싶었던
그토록 간절함도
이제는 비처럼 흐르기도 한다.

바다와 파도

잔잔한 바다
아직 젊음이 남아 숨 쉬는
깊은 바닷속
마그마가 끓어오를 듯한 불비
영혼의 지진
쓰나미로 바다를 휩쓸고도 남을 것 같은
그 눈빛
목이 메도록 철석이며 사랑을 외치던 파도
갯바위에 부딪히며 피멍이 드는 날도 있었지요
기억하시나요
밤, 낮이 없었던
끌리며, 끌어당기던 자석처럼
밤하늘 별과 달의 몸짓
바닷속 파도가 춤추는
세상에 태어나 단 한 번
그 깊은 바닷속으로 빠질 수만 있다면
행복이라 했는데
이미 그 바다에 빠져 행복이라 부르니
우리 지금
어느 행복 위에서 고통을 받고 있는지.

미완성

잘 그리든 못 그리든
미완성 그림은 싫었습니다
제대로 색을 섞지 못해
때로는 부딪치다 흩어진 상처 조각
쓸어모아 보니 단단하게 굳히는
과정의 되풀이도
내 운명이고 삶이지 싶었습니다
내 블루에 스미어 달라 앙탈 부렸고
터벅터벅 터널 속에서도
희망빛 놓지 않으려 애쓰며
기도했던 날도 있습니다
부모님 말씀 끄집어내어
만지작거리며 회한에 훌쩍인 날도,
우리가 손잡고 노력하며 걸어왔던 길
돌아보며 웃음 짓는 중년의 나이
어찌합니까
세상 이치가 그런걸요
잔인하지 못해
실바람에도 흔들리는 여심인걸요

여린 나뭇잎이 빗방울을 머금고 있습니다
어찌해야 하나요.

낮잠

묻지도 따지지도 마세요
오는 손님 놀랄까 봐 겁나요
나도 숨죽여 기다렸건만
포근한 그대 품
질투할 정도로 달갑습니다
마중하지 않아도 다가선 네 모습
어림도 못했건만
분명 그대는 바람은 아니겠지요
마술에 취하듯 쓰러지는 걸!
짐작도 못했어요.

| 해설 |

애증과 사랑시학의 진실

애증과 사랑시학의 진실

김송배
(시인 · 한국문인협회 부이사장)

1. '그대'에게 보내는 애증의 메시지

현대시에서 빈도수 높게 다루어지는 소재나 주제의 취택 경향을 살펴보면 두 가지의 분류를 확인하게 되는데 이는 외적 요소인 사물을 직접 거론해서 발상하거나 주제가 투영되는 경우와 내적인 관념의 깊은 흐름으로 자신의 진실을 토로하는 경우로 대별(大別)해서 시를 창작하거나 감상하는 시법(詩法)을 이해하게 하는 특성을 발견하게 된다.

이러한 시법들은 누구에게서나 감지할 수 있는 시적 상황의 설정과 전개에서 흔하게 대할 수 있는 것이지만, 유명한 시론(詩論)에 의하면 사물과 관념의 이미지가 상호 융합할 때 좋은 작품이 창조되는 것으로 설명하고 있다. 이를 형이상시(形而上詩)라는 개념으로 우리들에게 흡인(吸引)하는데, 대체로 많은 시인들이 이를 원용(援用)하거나 직접 도입하는 경향을 볼 수 있게 한다.

여기 김세경 시집 『구슬을 꿰는 시간』을 일별하면서 이러한 사념(思念)에 잠시 잠기는 연유는 그가 작품의 소재나 주제로 취택하는 이미지나 상황들이 보편적인 사유의 범주에서 행해지는 사랑이라는 대전제를 설정하고 화자(話者) '그대'를 통한 자신의 진실을 메시지로 전하고 있기 때문이다.

대체로 시인의 사랑법이나 사랑시학은 심중(心中) 내면에 깊이 잠재한 그리움과 기다림 등의 애절한 메시지가 발현하는 특징이 있는데, 김세경 시인도 이러한 정황을 다양하게 적시(摘示)함으로써 그가 염원하거나 갈구하는 사랑의 진솔한 메지시가 시적으로 승화하는 그만의 시법을 이해할 수 있게 한다.

그렇게 그리워하는
그대 홀로 두고
훔치며 돌아서던 밤
하늘도 슬픈 듯
흐느꼈습니다
어디로 가야 할까
망설임과 휘청거림 속에서도
앞으로 향해야 한다는 걸
알면서도
떼지 못한 발걸음
왜 그대에게만
너그럽지 못하고
더 많이 베풀지 못했는지
인색하기만 했던 것은

아마, 그대보다도
내 사랑의
뿌리가 깊었는지도 모르겠습니다.

이 작품 「그대 홀로 두고」 전문에서 알 수 있듯이 그가 간절하게 심취한 것은 '그대'라는 화자와의 헤어짐이 정감으로 현현되고 있는데 '그렇게 그리워하는/ 그대 홀로 두고/ 훔치며 돌아서던 밤/ 하늘도 슬픈 듯/ 흐느꼈습니다'라는 어조에서 우리는 작품 전체의 흐름을 짐작할 수 있게 한다.

그는 다시 '어디로 가야 할까'라는 망설임과 방황의 전조(前兆)가 여실하게 나타나고 있는데, '아마, 그대보다도/ 내 사랑의/ 뿌리가 깊었는지도 모르겠습니다.'라는 결론적인 의문의 어조는 그가 그대에게서 사유한 정감의 진리라고 할 수 있을 것이다.

그대
힘들다 아우성 말아요
내 몸부림이 그대에게까지
보이지 않는다 하여
그대 사랑보다 작지는 않아요
내 사랑도
그대가 사랑한 만큼
그리워한다는 걸 잊지 말아요
사랑은
비교하지 않는 거래요.

김세경 시인은 다시 작품 「그대, 잊지 말아요」 전문에서도 '그대'를 향한 애증의 메시지는 계속되고 있다. '내 사랑도/ 그대가 사랑한 만큼/ 그리워한다는 걸 잊지 말아요.'라는 간곡한 어조는 오매불망의 사랑에 대한 염원이며 기도라고 할 수 있다.

이러한 시적 상황이나 어조는 '마주하던 그곳에/ 그때의 열병으로/ 아직도 나,/ 그대만의 열꽃으로 피어 있네.'(「아직도」중에서) 라거나 '그대 앞에 선 날들/ 그대가 미웠습니다/ 나를 향한 그대 마음/ 그 어떠한 언어로도 대변할 수 없다 하겠지요'(「가을 길목에서」중에서), '그대 은빛 행복을 위해/ 내 삶/ 글렁이는 설움/ 강물로 바다를 채워도/ 그대 보내 드릴 수 있기를…….'(「은빛 일렁이는 강」중에서) 등등과 같이 '그대'와의 애증의 메시지는 아직도 끝나지 않고 있다.

이러한 그의 내면의식은 그가 일상적이거나 시적인 상황에서 항상 그 영향이 이탈할 수 없는 강렬한 심성(心性)의 단정으로 사랑학을 구명하고 있어서 그가 결행하는 진정한 '그대'에게로 향하는 시적 원류를 확인할 수 있게 한다.

이런 작품은 「서로 알아간다는 것은」과 「더는 머물지 못하고」 「듣고 싶은 목소리」 「해와 달」 「자운영」 「겨울과 이별」 「가을 햇살」 등등에서 '그대'와의 밀접한 감응과 교감을 이해할 수 있게 한다.

2. 기다림과 그리움, 그 사랑의 이중주

김세경 시인은 지금까지 '그대'라는 화자와의 정감에서 사랑의 시적도입을 시도했다면, 이제 좀더 구체적인 화법으로 사랑학에

몰입하고 있다. 그가 다양하게 구사한 어조는 기다림과 그리움의 심정(心情)에서 창출된 이미지의 집합이 시적 근간으로 발양(發揚)되고 있다.

①죄에도
유효기간이 있듯이
피고 지는 꽃도
계절이 있지요
누군가를
애타게 기다리는
마음도
기다림의 끝이 있을까요
미치도록 갈망한
초롱초롱하던 그 눈빛
죽도록 함몰하고 싶은
그 품 속의 그 향기
사랑이라는 이름으로
배회하는 까만 눈동자
홀로 지새우는
이 밤이 왜 이리 섧게 울고 싶나요.

—「사랑이라는 이름으로」 전문

②기다림의 미덕은
환희의 만남이 안 되는 걸까

벙어리 심정에 벌집을 안고 걷고 있나 보다
쉽지 않았지
보고 싶음의 그리움도
힘겹게 내민 아린 그리움 하나
오랜만에 만난
친구의 짓궂은 한 마디가 날갯짓한다
붉은 와인글라스 속 흐느끼는 파문
내 가슴 속에서 숨죽여 살던
그대의 진물이 물결로 떨어진다
알량한 자존심 와르르
그리움의 날개를 달아보고 싶다
이 밤이 데려다 줄 것만 같아서.

—「날개」 전문

우선 이 두 작품을 보면 ①에서 사랑은 '누군가를/ 애타게 기다리는/ 마음도/ 기다림의 끝이 있을까요'라는 '기다림'에 대한 연민이 적나라하게 현현하면서 우리들의 공감을 유로(流路)하는가 하면, ②에서는 이 기다림을 미덕으로 결론짓고 있다.

그는 이 기다림의 정체가 바로 그리움과 연결하는 매체가 되고 있음을 실감하게 된다. '내 가슴 속에서 숨죽여 살던/ 그대의 진물이 물결로 떨어진다'거나 '그리움의 날개를 달아 보고 싶다/ 이 밤이 데려다 줄 것만 같아서.'라는 열망이 넘쳐나고 있어서 이 기다림과 그리움은 불가분의 상관성을 동반하면서 김세경 사랑학의 이중주를 연주하고 있는 것이다.

그가 이미 '시인의 말'에서 적었듯이 '나의 그리움은 영원토록 미완성일 것이다'라는 말을 상기해 보면 그의 진솔한 기다림과 그리움이 수반하는 사랑의 메시지는 다음과 같이 향기를 내뿜고 있다.

—우리의 인생/ 마지막 울림이라 여기며/ 후회하는 마음 없기로 해요/ 우린 서로의 주위 서성이며/ 문 밖 기다림/ 만들지 않기로 해요.(「진정 사랑이라면」 중에서)

—서로의 가슴에는/ 애달픈 봉오리로 목마름만 남긴 채/ 침묵의 시간만이 기다리고 있었는지도 모릅니다.(「진정 사랑이었다면」 중에서)

—보고 싶었던/ 그만큼의 거리에/ 그리움을 걸어 놓고/ 앞뜰을 바라보다가(「오늘」 중에서)

—아픔으로 슬픔으로/ 아물던 상처 헤집고 떠나지만/ 쪽빛 하늘에 걸어 놓은 그리운 얼굴(「가을 서막」 중에서)

—송이 송이마다/ 그리움 일렁이는 추억 하나(「만남」 중에서)

—어찌하여 그대는/ 세월 속에서 기다림과 애증을 엮어/ 그리움의 시를 짓게 하시는지요.(「어찌하여 그대는」 중에서)

—내 사람이라 부르지도/ 어쩌지도 못한 목석 되어/ 오가는 길섶마다/ 그리움만이 출렁입니다(「길섶에 나부끼는」 중에서)

이처럼 '그대'를 향한 애절한 사랑의 메시지는 이 시집 전편에서 감상할 수 있다는 친근감을 유발하게 되고, 한 사람의 내면에 흐르는 의식의 물결이 종식(終熄)이 없이 진실을 제공하고 있다.

그는 작품 「만남」에서 '몇 해가 바뀐다 한들/ 그날의 울림/ 그 추운 겨울날의 잉걸/ 잊힐 일 없겠지요/ 보고픔으로 남은 사람/ 어느 날 갑자기 다가와/ 그리움 심어 놓고/ 말없이 떠나갔지만/ 우리 서로/ 모르는 타인처럼/ 살아가지는 말기로 해요/ 세월은/ 무정하게 아주 잊으라며/ 침묵으로 덮으라 했지만.' 이라는 어조는 떠나간 사람에 대한 연민이 시적으로 형상화함으로써 그가 처해 있는 현재의 심의(心意)를 예감할 수 있을 것이다.

이 밖에도 많은 작품에서 이 기다림과 그리움을 창조하고 있는데 작품 「3월」과 「가을과 호수」「같은 마음 닮은 영혼」「자아」「겨울 그리고 봄」.「경계선」「사랑은 그런 거예요」 등에서 우리는 그가 생활 속에서 심저(心底)에 묻어둔 사랑을 연주하고 있음에 동감하고 있는 것이다.

3. 기원의식과 '그대'의 사랑의 공통분모

김세경 시인의 시적 사유에는 '그대'라는 수사적인 인칭대명사에 대한 민감한 정서로 교직(交織)하고 있다. 그는 이 '그대'가 시적 화자의 모태(母胎)로 작용하는 특성이 작품에서 다변적(多變的)으로 형상화하고 있는데, 아마도 그가 체험했거나 현재의 현실적인 상황이 그대로 투영되면서 불망의 심적(心的) 현상이 현현되고 있다는 예감을 하게 된다.

아파하지도
슬퍼하지도 마세요
함께 나누었던

두꺼운 세월 속에 묻혀
이젠 추억의 바람에
떨어진 꽃잎이잖아요
석양을 바라보는
파고 속에서도
단 하나 간절한 바람이 있다면
기쁨이 되고 격려가 되는
벗이 되고 싶습니다.

—「그대」 전문

이 작품에서 주시할 수 있는 것은 '단 하나 간절한 바람이 있다면/ 기쁨이 되고 격려가 되는/ 벗이 되고 싶습니다.'라는 어조에서 확연하게 그의 감성을 이해하게 되며 이 감각적인 인식이 '싶습니다'라는 기원(祈願- prayer)의 의식이 포괄하고 있음을 간과할 수 없을 것이다.

이러한 감성은 오성(悟性- 판단을 행하는 자연적인 사유 능력)과 달리 대상에 촉발되어 표상을 낳는 능동적인 능력이다. 그가 이처럼 '그대'를 지향한 감각적 인식은 현실이 지니고 있는 인간들의 불합리와 모순에 대한 하나의 항거로서의 기원이라고 할 수 있다.

대체로 시법에서의 이러한 감성은 이지적이거나 논리적인 것이 아니고 감각적이어서 시인의 명민한 날카로움과 격렬함을 생명으로 여기는 특성이 있다. 이러한 김세경 시인의 기원의식은 예리한 감성의 침전물이 영원히 부상하지 않기 위한 내면의식의 결단이라고 할 수 있을 것이다.

1층과 2층을 사이에 두고
서로의 눈 마주침이 멀어지는
우리의 별거생활 언제부터였던가
당신은 나보다 하늘이 조금 가까운 곳에서
난 당신보다 덜 가까운 곳에서 자리를 펴
하루의 피로를 잠재우지요
인생 몸살을 앓는
피할 수 없는 갱년기
마음마저 당신 곁을 떠나야 했지만
나,
한 사람의 여자
내 남자 품으로 돌아가고 싶어요.

—「내 남자 품으로」 전문

여기에서도 동일한 감정의 감동을 흡인하고 있는데 다만 시적 상황 설정이 외적인 요소 즉 '1층과 2층을 사이'를 설정하고 '나'라는 화자가 대입하면서 전개하는 시법이 약간 다르게 현현하고 있다. '마음마저 당신 곁을 떠나야 했지만/ 나, 한 사람의 여자/ 내 남자 품으로 돌아가고 싶어요.'라는 절규 같은 애증의 기원을 발현하고 있어서 그의 애절한 간구(懇求)의 기도가 적시되고 있다.

이러한 자의식의 생성은 그가 '당신'이나 '내 남자'라는 타자가 '나'와 교감하면서 성립된 시적 상황이 '우리의 별거생활 언제부터였던가'라는 의문의 직접적인 상관성이 그의 사랑시학을 정점으로 유도하고 있어서 우리의 공감을 유도하고 있다.

또한 그는 '얼굴로 읽고/ 눈빛으로 알 수 있는/ 우리를 성숙시키는 시간/ 창 밖에 눈을 바라보고/ 감성마저도 노을을 바라보니/ 어느 사이 반백을 헤아리는 나이/ 삐걱거림이 무서워 늘 용기만 세웠던 내게/ 시작을 부추겨 주던 고마운 사람/ 서로의 자리를 지키며/ 서로 인정하며 걷고 싶다.'(「눈 내리는 아침에」 중에서)는 기원도 상당한 감응력을 확보하고 있음을 알 수 있다.

이 밖에도 '설움이 바다에서/ 바닥이 보이도록/ 바닷물을 말리고 싶다/ 무정한 파도는/ 피지 못한 봉우리의 영혼들을/ 달래기라도 하듯/ 하늘에 닿을세라 철썩 철썩여 봐도/ 神은 무정하게 돌아누웠다'(「4월과 5월」 중에서)는 그의 기원이 '영혼들'과 '神'에게까지 통섭(通攝)하는 시적 영원성을 여운으로 남겨 주고 있다.

그리고 김세경 시인의 언어에서 특이한 표현이 있는데, '실바람에 실린 당신의 고운 선/ 떨림조차 허용할 수 없어/ 숨 고르고 있습니다/ 석양빛 인연 이대로 희망 꽃이지 싶습니다.'(「스치는 인연이라도」 중에서)라거나, '우리는/ 살아가면서/ 넘어지지 않도록/ 헛디딤이 없기를/ 좌우를 살피며/ 안테나를 세우지 싶습니다' 혹은 '깨달음 있을 그때/ 후회 없이 궤도를 바꿔야 하지 싶습니다'(이상 「우리는」 중에서)와 같이 '싶습니다'라는 어조로 기원의 문맥을 종결짓는 특성도 발견하게 된다.

그의 기원은 '이대로 그대의 안락의자로/ 언제나 곁에서/ 가을의 숨결을 들으며/ 영원한 쉼이 될 수만 있다면…….'(「가을과 호수」 중에서)이라는 갈구의 여망이 가득 넘치고 있어서 그가 시적으로 탐색하고 추구하려는 의식의 흐름을 이해할 수 있게 한다.

4. 계절적인 감응과 서정시학의 탐색

김세경 시인이 마지막으로 탐색하는 것은 시간성에서 추출하는 친자연적인 감응이 시적으로 환원되는 경향을 엿보게 하는데 이는 누구에게서나 감지할 수 있는 보편적인 감성이 시적인 감각으로 창조되는 현상이다.

이러한 시적현상을 서정시(lyric) 또는 서정적 자아(自我)라고 명명하는데 이는 서정과 감정을 드러내는 특징이 있다. 서정시는 주관적 정서나 내적 세계를 묘사한다. 어느 시론에 따르면 서정시는 객관 세계에 일어나는 사건을 모두 자아 속에 흡수해서 내면화 혹은 주관과 객관의 융합을 추구한다. 또한 세계의 자아화, 주관과 객관의 일치, 자아로의 회귀 등을 구현한다고 했다.

남은 조각 주워 모아
놓을 수 없는 끈을 잡고
날개를 펴 봅니다
보풀만
하늘을 날고
햇살 뒤로 홀로 걸어요
서투른 그리움
침묵을 그림자로 키우고
아쉬움만
주저앉아
쌓인 먼지를 털어
나뭇가지에 걸린 잎을 셉니다

영롱한 구슬빛이
부르는 소리로 이명처럼 들리고
구름은 여전히 물들어 있네요
파란 하늘이 얼룩져 보이고
아직도 구슬은 눈빛인데
묶지 않아도
정지되어 있고
먼 곳 기적 소리만 봄으로 흐르네요.

이 작품은 이 시집의 표제시가 되는 「구슬을 꿰는 시간」 전문인데, 여기에서 감지할 수 있는 것은 시간성('먼 곳 기적 소리만 봄으로 흐르네요.')에서 탐색하는 자연 경관이다. '아쉬움만/ 주저앉아/ 쌓인 먼지를 털어/ 나뭇가지에 걸린 잎을 셉니다'라거나 '영롱한 구슬 빛이/ 부르는 소리로 이명처럼 들리고/ 구름은 여전히 물들어 있네요'라는 어조에서 '나뭇가지에 걸린 잎'과 '구름'과 '파란 하늘' 그리고 '햇살' 등이 친자연의 환경을 조감(照鑑)하는 서정성을 이해할 수 있다.

모든 자연 현상은 시간과 동행하지 않으면 생물이 아니다. 그리고 다양한 변화와 그 양상을 시각적으로 느낄 수가 없다. 그래서 시인들은 봄과 가을의 시편들을 선호하는 경향도 있다.

세상은
오염되었지만
내가 바라보는 하늘은

코발트빛
평화로운 정원
잠시 토닥토닥 이는 꽃들
잿빛 세상을
구름으로 가리는 바람
그런데
여전히 파란 하늘을 두고
어우르지 못할 너와 나.

그는 이 작품 「봄」 전문에서는 봄에 대한 서정적 자아를 분사(噴射)하고 있다. 화자 '너와 나'는 '하늘'과 '평화로운 정원'과 '꽃들'과 '구름'이 어우러지는 자연환경에서 분리되지 않고 '그런데/ 여전히 파란 하늘을 두고/ 어우르지 못할 너와 나.'라는 부정적인 어조로 종결하고 있다.

봄을 노래한 것은 작품 「봄보다 먼저 오신다더니」 「봄은 이렇게」 등이 있고, 가을에서는 '봄으로 온 그대/ 한 번 더 그대 모습 보고 싶어/ 보내는 가을이 오가는 길섶에 앉아 봅니다/ 이루지 못한 애달픔에/ 하늘도 주르륵/ 풀벌레 소리는 왜 그렇게 울컥거리는지.' (「가을이 가까이 옴은」 중에서)라는 등의 작품들이 보인다.

밤하늘에 빛나는
별 하나의 언약도
아스라이 멀어졌다 해도
솔잎 꿈

창가에 걸어 봅니다
유수와 같은 인생
어둠 속 빛이었고
단단하게 옹이지는 우리
거센 비바람에
흔들린 작은 몸짓은 잊어버려요.

여기 작품 「소나무」에서는 자연 사물에서 획득하는 이미지가 잔잔한 언어의 그림〔心象〕으로 현현되고 있어서 서정성을 충만시키고 있다. 이러한 작품은 「풀꽃」 「꽃들과의 대화」 「튤립」과 「흐르는 비」 「폭설」 등에서 서정적 자아를 탐색하고 있어서 김세경 시인은 서정시인이라는 점은 부정하지 못할 것이다.

이제 김세경 시집 『구슬을 꿰는 시간』의 읽기를 마무리해야겠다. 그는 그대라는 화자와의 교감을 통해서 애증의 극복을 위한 상황에서 기다림과 그리움의 사랑학, 그것의 성취를 위한 기원의식 그리고 서정시학의 자아 탐색으로 한 권의 시집을 묶게 된다.

그는 '나'라는 자아가 나아가서 존재 인식과도 상응하는 시법으로 발전하는 광활한 예지에 젖어 있다. 다음 작품 「세상의 눈을 보자」에서 명징하게 나타나고 있다.

아무리 자신을
세상이 호감 산대도
나를 평가하는 것은
자신이 아닌

지켜보는 사람들
세상에 나만 사나
판단도 내가 하나
결정도 네가 하고
존재 인식도 그들이 하는데
잊은 이는 나인가 보다.

그렇다. 일찍이 철학자 하이데거가 말했듯이 시는 우리들이 익숙해서 믿어 버리고 손쉽게 가깝고 명백한 현실에 비해 무엇인가 비현실적인 꿈 같은 느낌을 일으킨다고 했다. 그러나 사실은 이와 뒤바뀐 것으로서 시인이 말하고 시인이 이렇다고 긍정한 것 그것이 현실이라는 언지에서 알 수 있듯이 나를 인식하고 성찰하면서 자아를 투영하는 시법이 가장 좋은 작품을 창작하는 요건이 될 것이다.

김세경 시인의 사랑시학은 불변의 진리를 지향하는 숭엄(崇嚴)한 현실적 사유의 정점에서 영원히 활활 타오를 것이다.

김세경 시집_ 구슬을 꿰는 시간

초판 인쇄 | 2014년 11월 1일
초판 발행 | 2014년 11월 5일

지 은 이 | 김세경
발 행 인 | 정종명
편집국장 | 차윤옥

펴낸곳 | 사단법인 한국문인협회 月刊文學 출판부
주소 | 서울시 양천구 목동서로 225 대한민국예술인센터 1017호
전화 | 02-744-8046~7
팩스 | 02-743-5174
이메일 | klwa95@hanmail.net
등록 | 2011년 3월 11일 제2011-000081호
ISBN 978-89-6138-284-7 03810

값 8,000원

잘못 만들어진 책은 바꾸어 드립니다.